Impressum
Verlag: BABADADA GmbH, Nedderfeld 112 , 22529 Hamburg
Geschäftsführer / Verlagsleitung: Harald Hof
Druck: Books on Demand GmbH, In de Tarpen 42, 22848 Norderstedt

Imprint
Publisher: BABADADA GmbH, Nedderfeld 112 , 22529 Hamburg, Germany
Managing Director / Publishing direction: Harald Hof
Print: Books on Demand GmbH, In de Tarpen 42, 22848 Norderstedt

school
escola

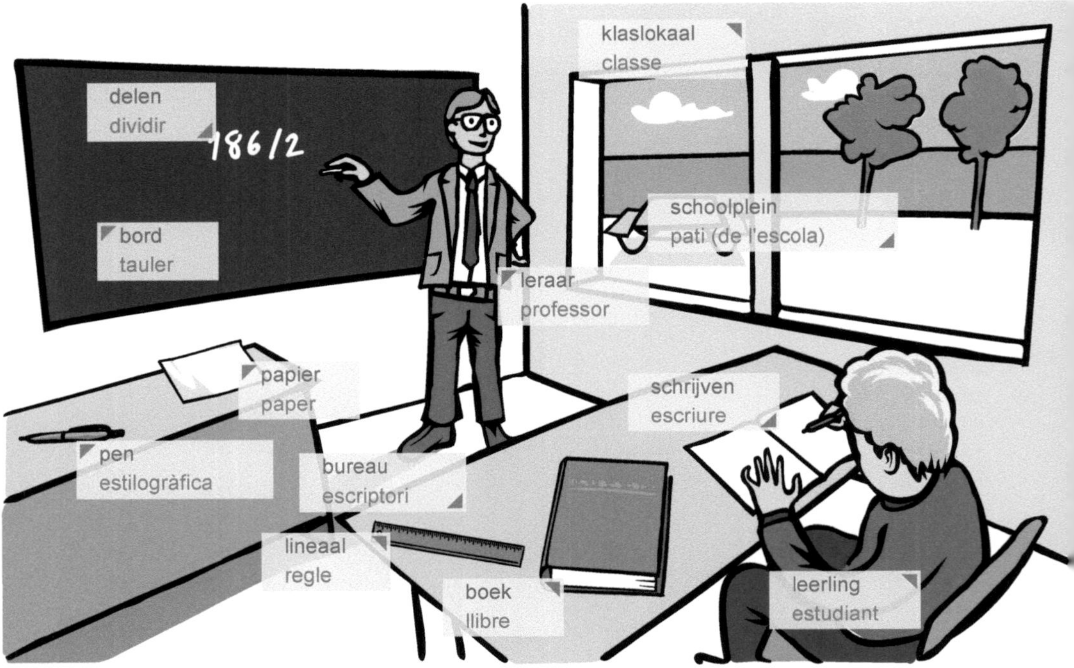

klaslokaal
classe
delen
dividir
186/2
schoolplein
pati (de l'escola)
bord
tauler
leraar
professor
papier
paper
schrijven
escriure
pen
estilogràfica
bureau
escriptori
lineaal
regle
boek
llibre
leerling
estudiant

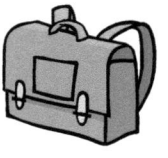

schooltas

bossa

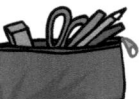

etui

estoig

potlood

llapis

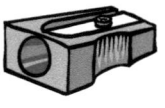

puntenslijper

maquineta de fer punta

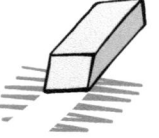

gum

goma

schetsblok

bloc de dibuix

tekening

dibuix

penseel

pinzell

verfdoos

capsa de pintures

schaar

tisores

lijm

cola

schrift

quadern d'exercicis

huiswerk

deures

getal

nombre

optellen

afegir

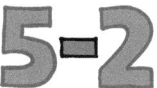

aftrekken

sostreure

vermenigvuldigen

multiplicar

rekenen

calcular

letter

lletra

alfabet

alfabet

woord

mot

tekst
text

lezen
llegir

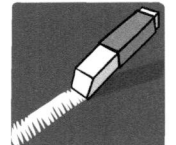

krijt
guix

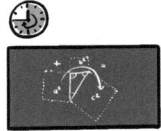

les
lliçó

klassenboek
llibre de classe

examen
examen

diploma
certificat

schooluniform
uniforme escolar

opleiding
formació

encyclopedie
enciclopèdia

universiteit
universitat

microscoop
microscopi

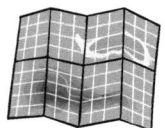

kaart
mapa

prullenmand
paperera

reis
viatge

hotel
hotel
Grand
hostel
alberg
ROOMS
CHANGE
wisselkantoor
oficina de canvi
koffer
maleta
auto
automòbil

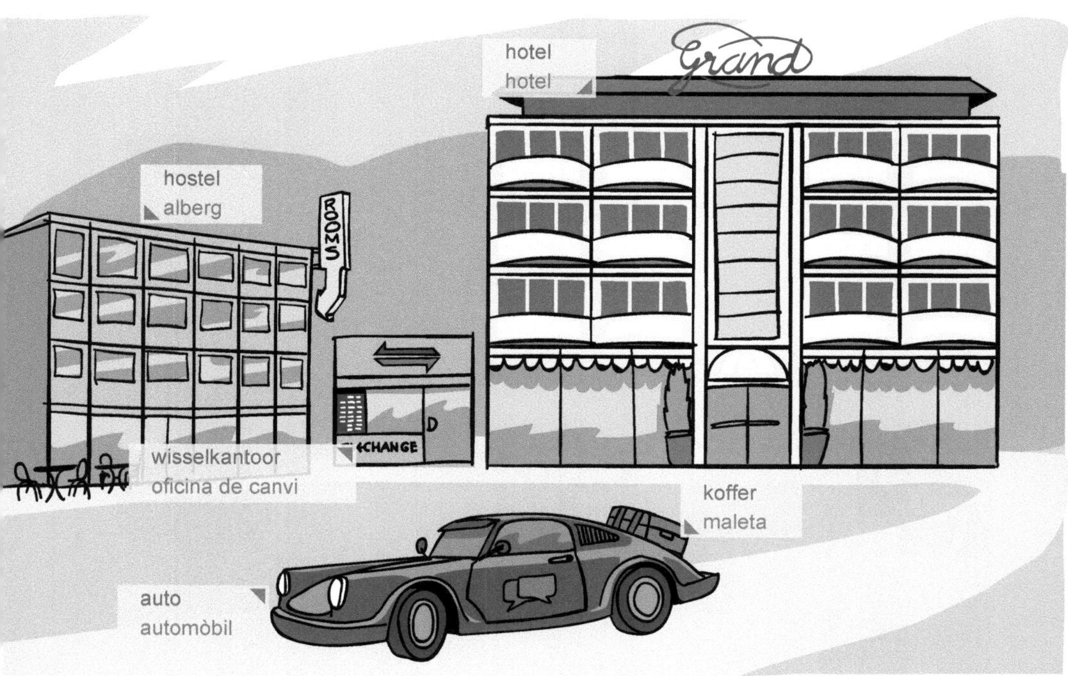

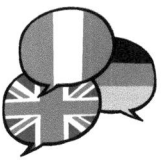

taal

llengua

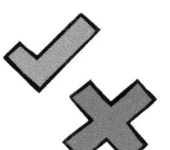

ja / nee

sí / no

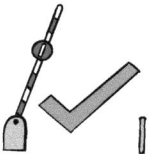

oké

D'acord

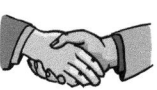

Hallo!

Ey!

tolk

traductora

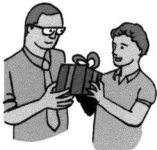

Bedankt.

gràcies

Wat kost ...?

Quant costa... ?

Ik begrijp het niet.

No entenc

probleem

problema

Goedenavond!

Bona nit!

Goedemorgen!

bon dia!

Goedenacht!

bona nit!

Tot ziens!

fins aviat

richting

direcció

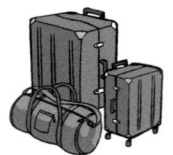

bagage

bagatge

tas

bossa

rugzak

sarrona

gast

convidat

kamer

cambra

slaapzak

sac de dormir

tent

tenda

VVV-kantoor

oficina de turisme

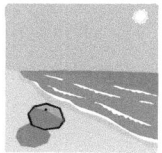

strand

platja

creditkaart

carta de crèdit

ontbijt

esmorzar

lunch

dinar

diner

sopar

kaartje

bitllet

lift

ascensor

postzegel

segell

grens

frontera

douane

duana

ambassade

ambaixada

visum

visat

paspoort

passaport

transport
transport

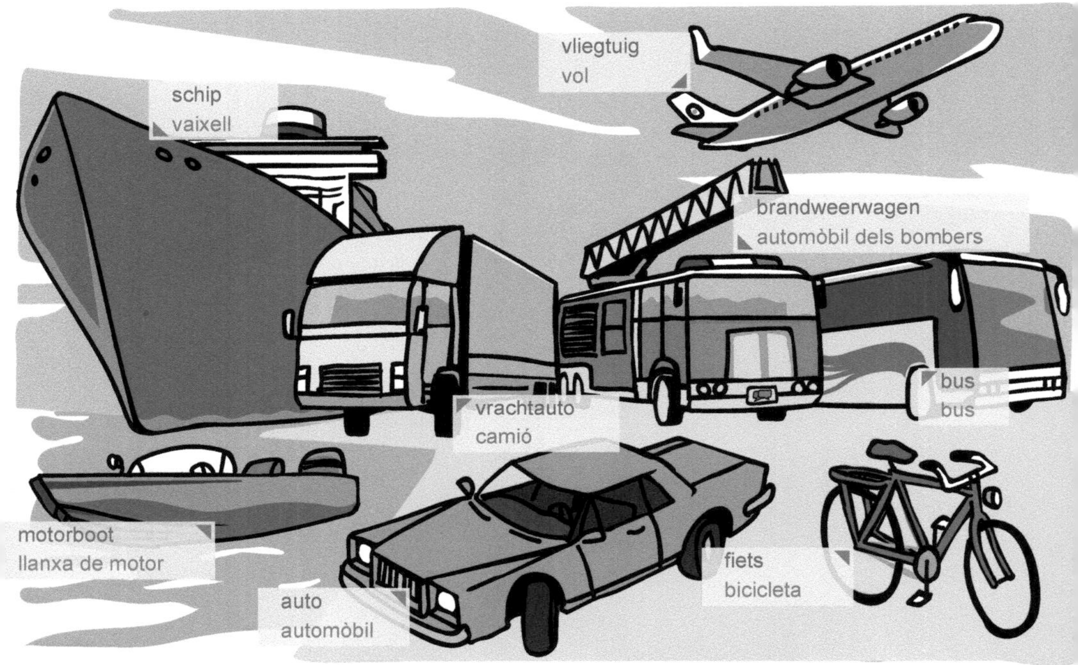

vliegtuig
vol
schip
vaixell
brandweerwagen
automòbil dels bombers
bus
bus
vrachtauto
camió
motorboot
llanxa de motor
fiets
bicicleta
auto
automòbil

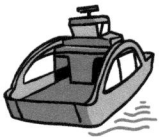

veerboot

transbordador

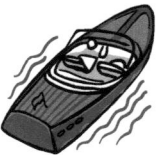

boot

barca

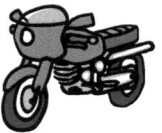

motorfiets

moto

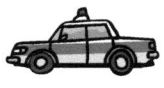

politiewagen

automòbil de policia

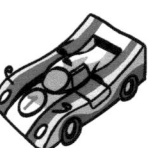

raceauto

automòbil de curses

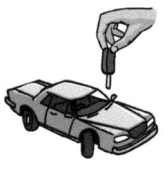

huurauto

automòbil de lloguer

carsharing

vehicle compartit

takelwagen

grua

vuilniswagen

camió de les escombraries

motor

motor

benzine

benzina

benzinepomp

benzineria

verkeersbord

senyal de trànsit

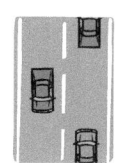

verkeer

trànsit

file

embús

parkeerplaats

aparcament

station

estació de trens

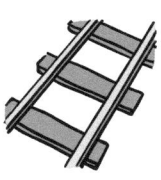

rails

vies

trein

tren

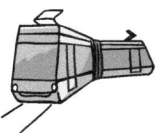

tram

tramvia

wagon

vagó

helikopter

helicòpter

luchthaven

aeroport

toren

torre

passagier

passatger

container

contenidor

verhuisdoos

capsa de cartó

kar

carretó

mand

cistella

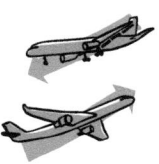

opstijgen / landen

enlairar-se / aterrar

stad

ciutat

dorp

poble

stadscentrum

centre de la ciutat

huis

casa

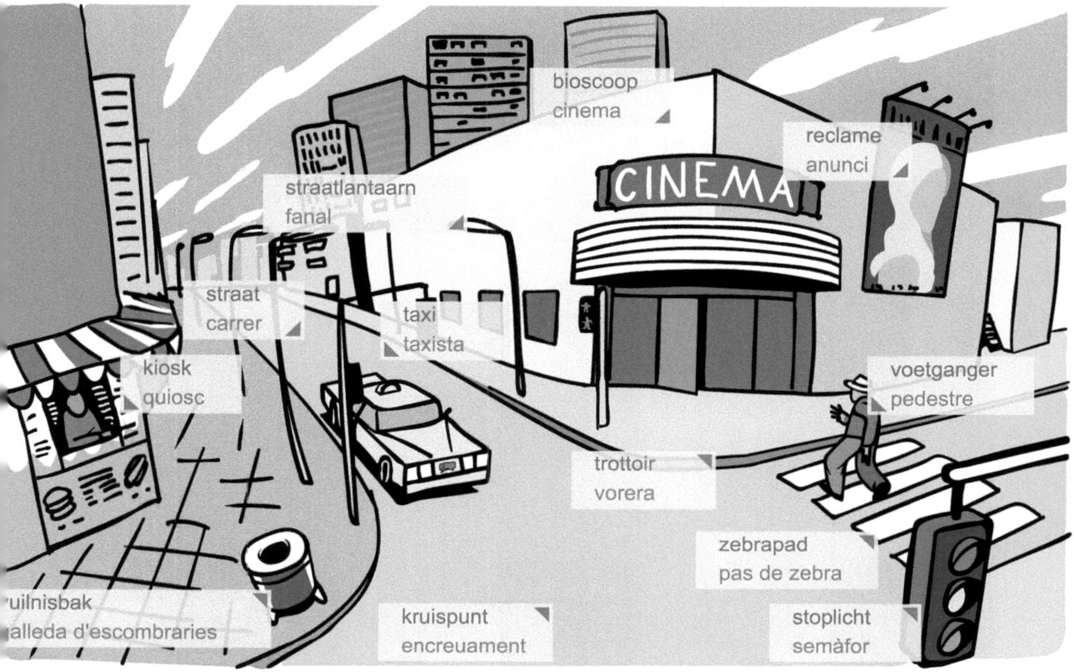
CINEMA
bioscoop
cinema
reclame
anunci
straatlantaarn
fanal
straat
carrer
taxi
taxista
kiosk
quiosc
voetganger
pedestre
trottoir
vorera
zebrapad
pas de zebra
uilnisbak
alleda d'escombraries
kruispunt
encreuament
stoplicht
semàfor

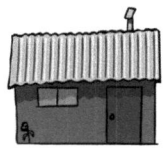

hut
cabana

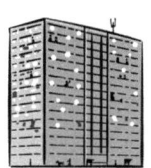

appartement
apartament

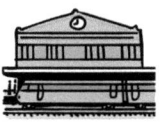

station
estació de trens

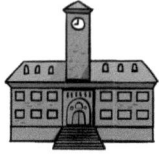

stadhuis
casa de la vila-ciutat

MUSEUM

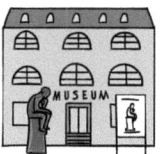

museum
museu

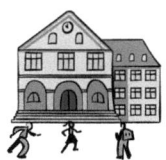

school
escola

universiteit

universitat

bank

banca

ziekenhuis

hospital

hotel

hotel

apotheek

farmàcia

kantoor

oficina

boekenwinkel

llibreria

winkel

botiga

bloemenwinkel

floristeria

supermarkt

supermercat

markt

mercat

warenhuis

gran magatzem

visboer

peixateria

winkelcentrum

centre comercial

haven

port

park
parc

bank
banc

brug
pont

trap
escala

metro
metro

tunnel
túnel

bushalte
parada d'autobús

bar
bar

restaurant
restaurant

brievenbus
bústia de correu

straatnaambord
senyal indicador

parkeermeter
parquímetre

dierentuin
zoo

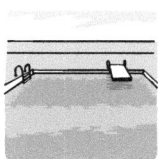

zwembad
piscina

moskee
mesquita

boerderij

granja

vervuiling

pol·lució

begraafplaats

cementiri

kerk

església

speelplaats

parc infantil

tempel

temple

landschap

paisatge

blad
fulla

wegwijzer
cartell indicador

weg
camí

weide
prat

steen
pedra

boom
arbre

wandelaar
excursionista

rivier
riu

gras
gespa

bloem
flor

vallei

vall

berg

muntanya

meer

llac

bos

bosc

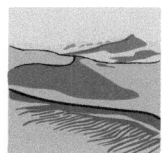

woestijn

desert

vulkaan

volcà

kasteel

castell

regenboog

arc de Sant Martí

paddenstoel

bolet

palmboom

palmera

mug

moscard

vlieg

mosca

mier

formiga

bij

abella

spin

aranya

kever

escarabat

kikker

granota

eekhoorn

esquirol

egel

eriçó

haas

llebre

uil

òliba

vogel

ocell

zwaan

cigne

wild zwijn

senglar

hert

cervo

eland

ant

stuwdam

presa

windmolen

turbina

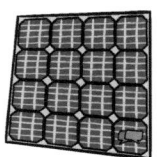

zonnepaneel

panell solar

klimaat

clima

restaurant
restaurant

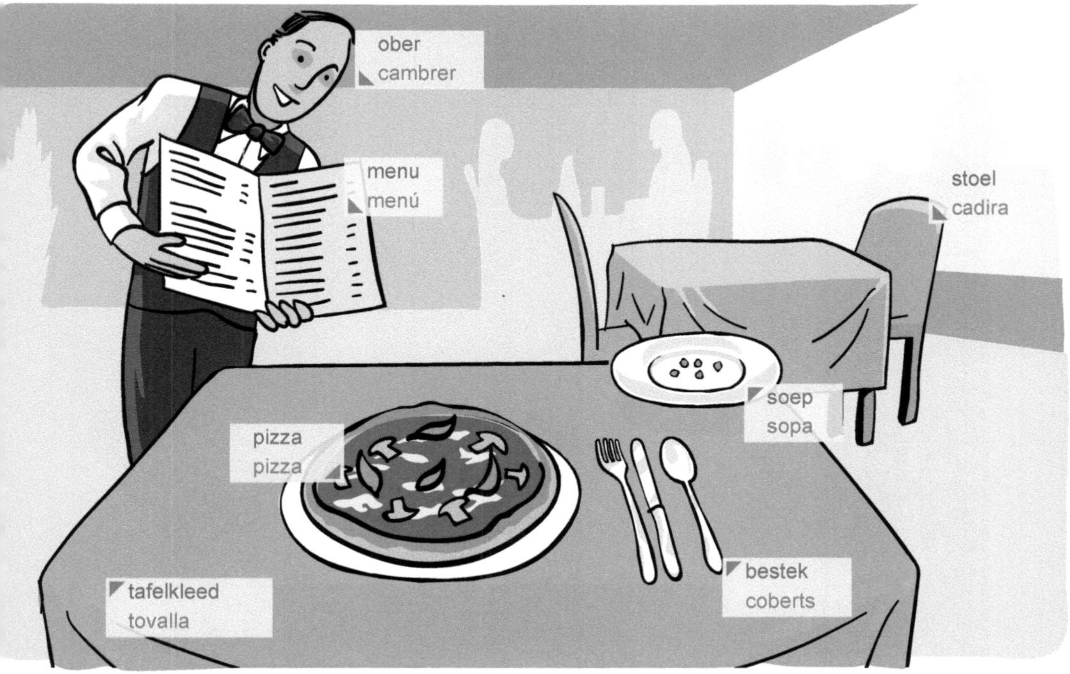

ober
cambrer
menu
menú
stoel
cadira
soep
sopa
pizza
pizza
bestek
coberts
tafelkleed
tovalla

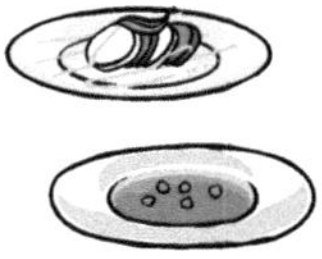

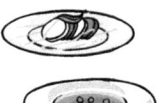

voorgerecht

primer plat

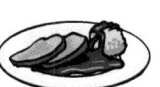

hoofdgerecht

plat principal

toetje

darreries

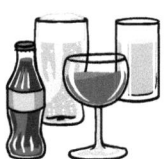

dranken

begudes

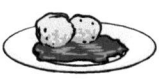

eten

menjar

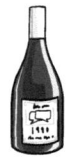

fles

ampolla

fastfood

menjar ràpid

eetkraampje

menjar de carrer

theepot

tetera

suikerpot

sucrer

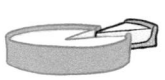

portie

porció

espressomachine

màquina d'espresso

kinderstoel

trona

rekening

factura

dienblad

plata

mes

ganivet

vork

forqueta

lepel

cullera

theelepel

cullereta

servet

tovalló

glas

got

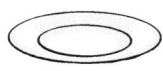

bord

plat

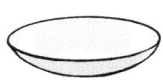

soepbord

plat de sopa

schotel

plateret

saus

salsa

zoutvaatje

saler

pepermolen

molinet de pebre

azijn

vinagre

olie

oli

kruiden

espècies

ketchup

quètxup

mosterd

mostassa

mayonaise

maionesa

supermarkt
supermercat

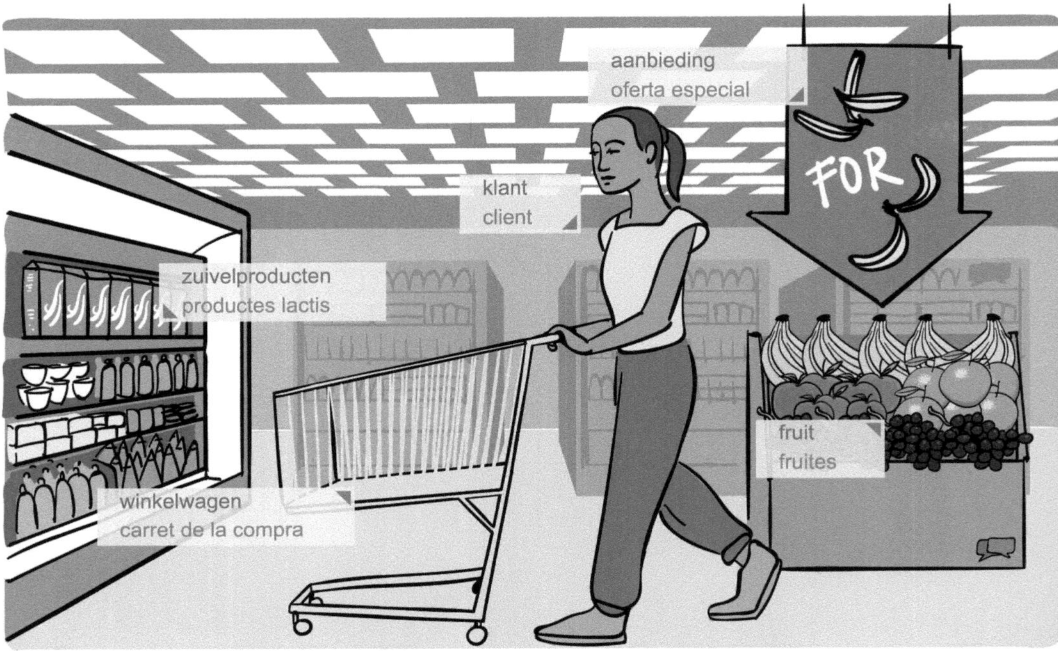

aanbieding
oferta especial
FOR
klant
client
zuivelproducten
productes lactis
fruit
fruites
winkelwagen
carret de la compra

BUTCHERS

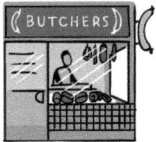

slager

carnisseria

BAKERY

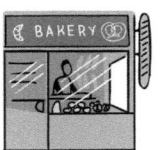

bakkerij

forn de pa

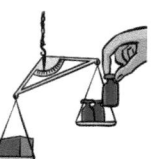

wegen

pesar

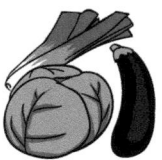

groente

verdures

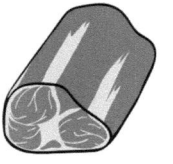

vlees

carn

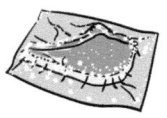

diepvriesproducten

menjar congelat

vleeswaren

carn freda

conserven

conserves

wasmiddel

detergent en pols

snoepgoed

dolços

huishoudelijke artikelen

articles domèstics

schoonmaakmiddel

productes de neteja

verkoopster

venedora

kassa

caixa registradora

kassier

caixera

boodschappenlijstje

llista de la compra

openingstijden

horari d'obertura

portefeuille

portamonedes

creditkaart

carta de crèdit

tas

bossa

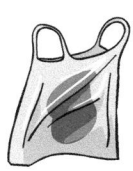

plastic zak

bossa de plàstic

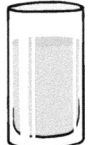

water

aigua

sap

suc

melk

llet

cola

coca-cola

wijn

vi

bier

cervesa

alcohol

alcohol

chocolademelk

cacau

thee

te

koffie

cafè

espresso

espresso

cappuccino

cappuccino

banaan

banana

appel

poma

sinaasappel

taronja

watermeloen

síndria

citroen

llimona

wortel

pastanaga

knoflook

all

bamboe

bambú

ui

ceba

paddenstoel

bolet

noten

avellanes

pasta

fideus

spaghetti

espaguetis

rijst

arròs

salade

amanida

friet

patates fregides

gebakken aardappelen

patates fregides

pizza

pizza

hamburger

hamburguesa

sandwich

entrepà

schnitzel

escalopa

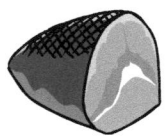

ham

cuixot

salami

salami

worst

salsitxa

kip

pollastre

gebraad

rostit

vis

peix

havermout

flocs de civada

muesli

musli

cornflakes

cereals

meel

farina

croissant

croissant

broodjes

panet

brood

pa

toast

torrada

koekjes

bescuits

boter

mantega

kwark

mató

taart

pastís

ei

ou

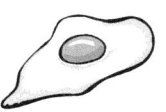

gebakken ei

ou fregit

kaas

formatge

ijs

gelat

suiker

sucre

honing

mel

jam

melmelada

chocoladepasta

crema de xocolata

kerrie

curri

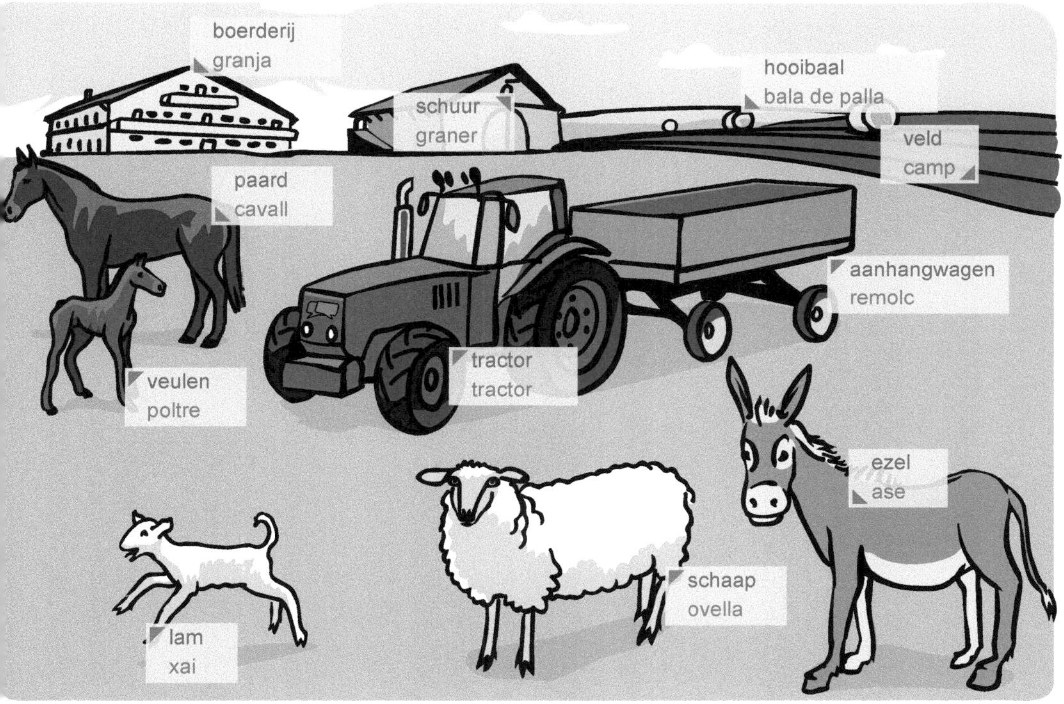

boerderij
granja

schuur
graner

hooibaal
bala de palla

veld
camp

paard
cavall

aanhangwagen
remolc

veulen
poltre

tractor
tractor

ezel
ase

schaap
ovella

lam
xai

geit
....
cabra

koe
....
vaca

kalf
....
vedella

varken
....
porc

big
....
garrí

stier
....
bou

gans
oca

eend
ànec

kuiken
poll

kip
gall

haan
gallina

rat
rata

kat
gat

muis
ratolí

os
bou

hond
gos

hondenhok
gossera

tuinslang
mànega de regar

gieter
regadora

zeis
dalla

ploeg
arada

sikkel

falç

schoffel

aixada

hooivork

forca

bijl

destral

kruiwagen

carretó

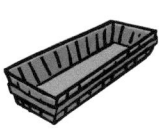

trog

abeurador

melkbus

lletera

zak

sac

hek

tanca

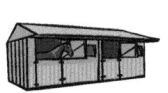

stal

establa

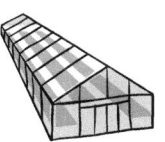

broeikas

hivernacle

grond

sòl

zaad

llavor

mest

adob

maaidorser

collidora

oogsten

collir

oogst

collita

yam

nyam

tarwe

blat

soja

soja

aardappel

patata

maïs

blat de moro o d'indi

koolzaad

colza

fruitboom

arbre fruiter

maniok

mandioca

granen

cereals

huis
casa

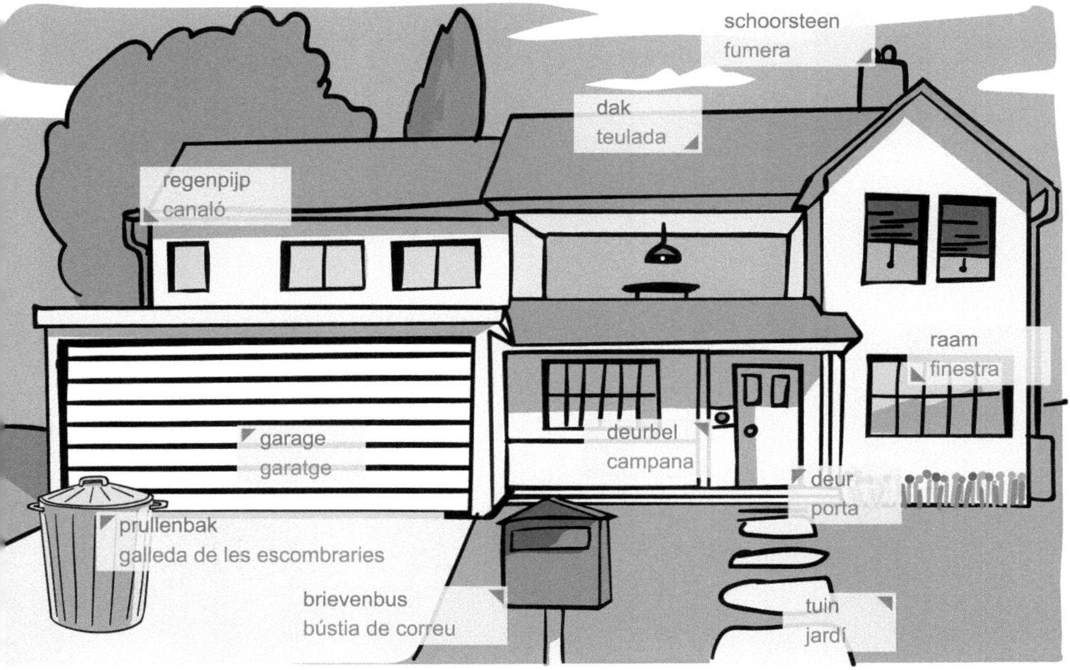
schoorsteen
fumera
dak
teulada
regenpijp
canaló
raam
finestra
garage
garatge
deurbel
campana
deur
porta
prullenbak
galleda de les escombraries
brievenbus
bústia de correu
tuin
jardí

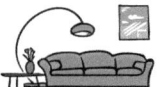

woonkamer
....
sala d'estar

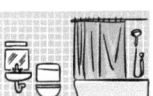

badkamer
....
bany

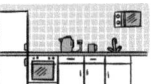

keuken
....
cuina

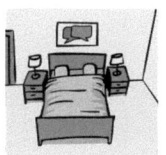

slaapkamer
....
cambra de dormir

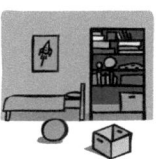

kinderkamer
....
cambra de nen

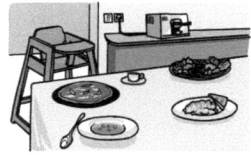

eetkamer
....
menjador

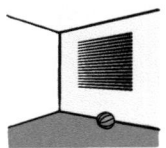

vloer

sòl

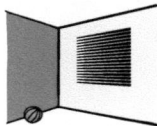

muur

paret

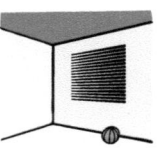

plafond

sostre

kelder

soterrani

sauna

sauna

balkon

balcó

terras

terrassa

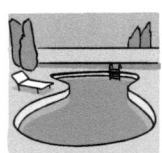

zwembad

piscina

grasmaaier

tallagespa

laken

vànova

bedsprei

cobrellit

bed

llit

bezem

escombra

emmer

galleda

schakelaar

interruptor

woonkamer
sala d'estar

behang
paper de paret
foto
quadre
lamp
làmpada
plank
prestatge
kast
armari
televisie
televisor
open haard
escalfapanxes
bloem
flor
kussen
coixí
bankstel
sofà
vaas
gerro
afstandsbediening
telecomanda

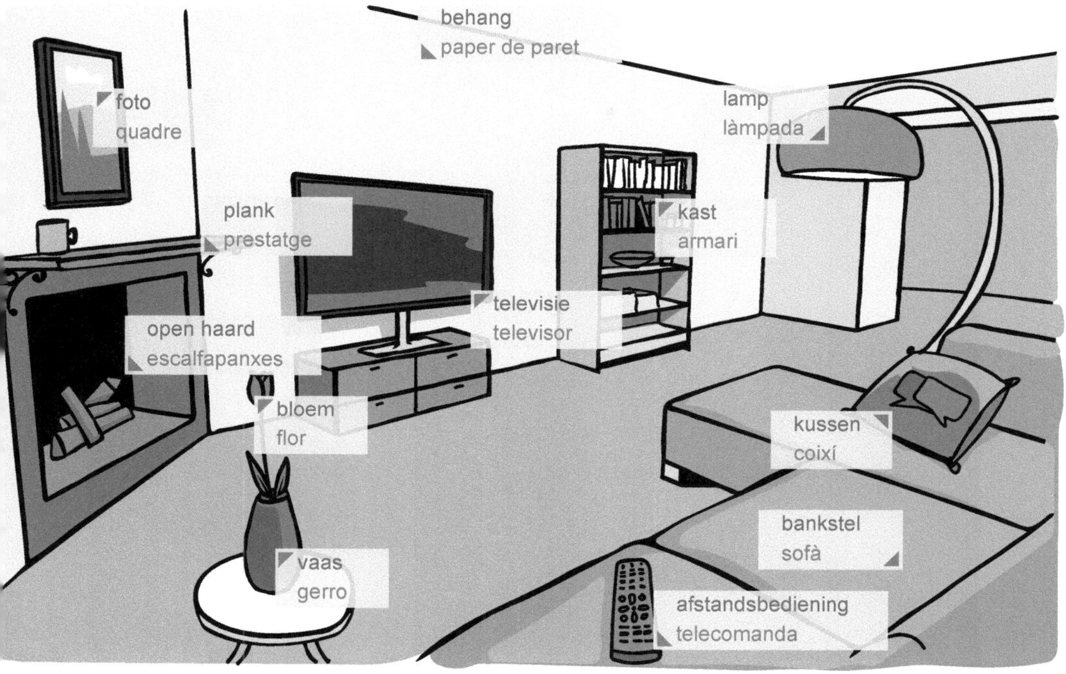

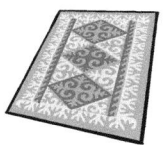

tapijt

catifa

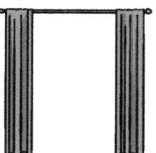

gordijn

cortina

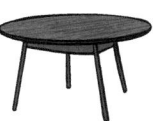

tafel

taula

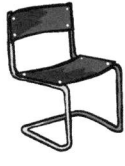

stoel

cadira

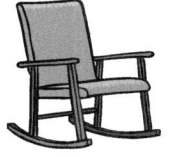

schommelstoel

cadira gronxadora

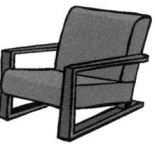

stoel

cadiral

boek

llibre

deken

llençol

decoratie

decoració

brandhout

llenya

film

film

stereo-installatie

cadena de música

sleutel

clau

krant

diari

schilderij

pintura

poster

cartell

radio

ràdio

kladblok

bloc de notes

stofzuiger

aspiradora

cactus

cactus

kaars

candela

keuken
cuina

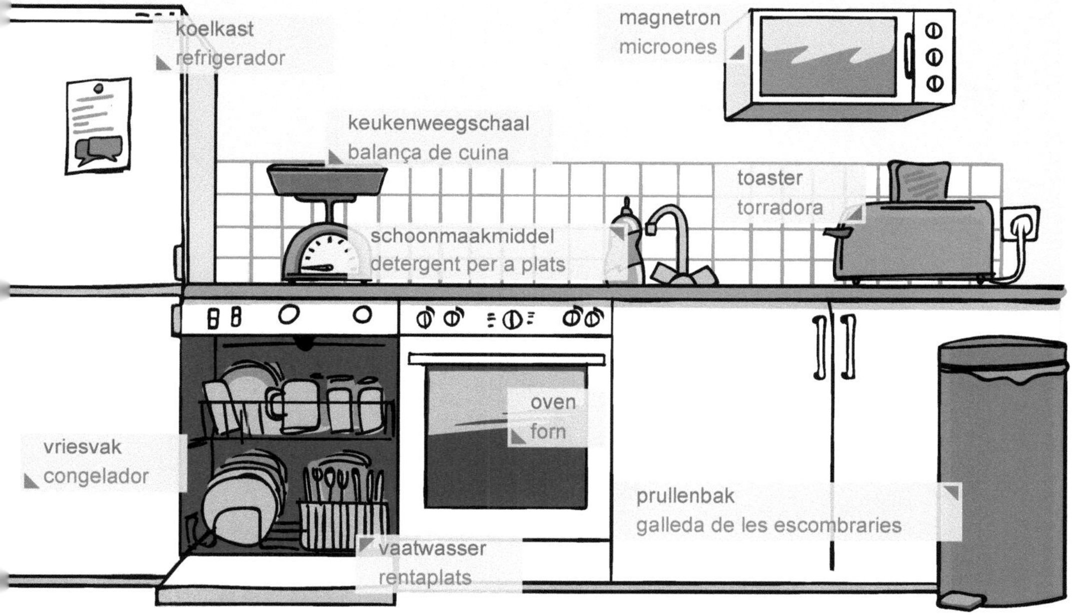

koelkast
refrigerador
magnetron
microones
keukenweegschaal
balança de cuina
toaster
torradora
schoonmaakmiddel
detergent per a plats
oven
forn
vriesvak
congelador
prullenbak
galleda de les escombraries
vaatwasser
rentaplats

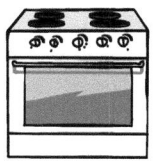

fornuis

cuina de fogons

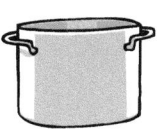

pan

olla

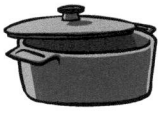

gietijzeren pan

olla de ferro colat

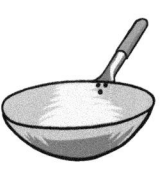

wok / kadai

wok / karahi

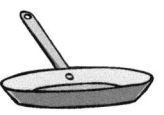

koekenpan

paella

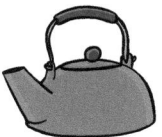

ketel

bullidor

stoomkoker

olla de vapor

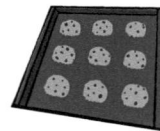

bakplaat

plata de forn

servies

vaixella

beker

tassa grossa

kom

bol

eetstokjes

bastonets xinesos

soeplepel

culler

spatel

espàtula

garde

batedor

vergiet

colador

zeef

sedàs

rasp

ratllador

vijzel

morter

barbecue

barbacoa

vuurhaard

foc a terra

snijplank

taula de tallar

deegroller

corró

kurkentrekker

llevataps

blik

pot de conserva

blikopener

obridor

pannenlap

agafador

wasbak

aigüera

borstel

raspall

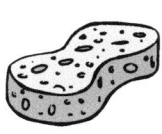

spons

esponja

blender

batedora

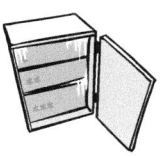

vriezer

congelador

babyflesje

biberó

kraan

aixeta

badkamer

bany

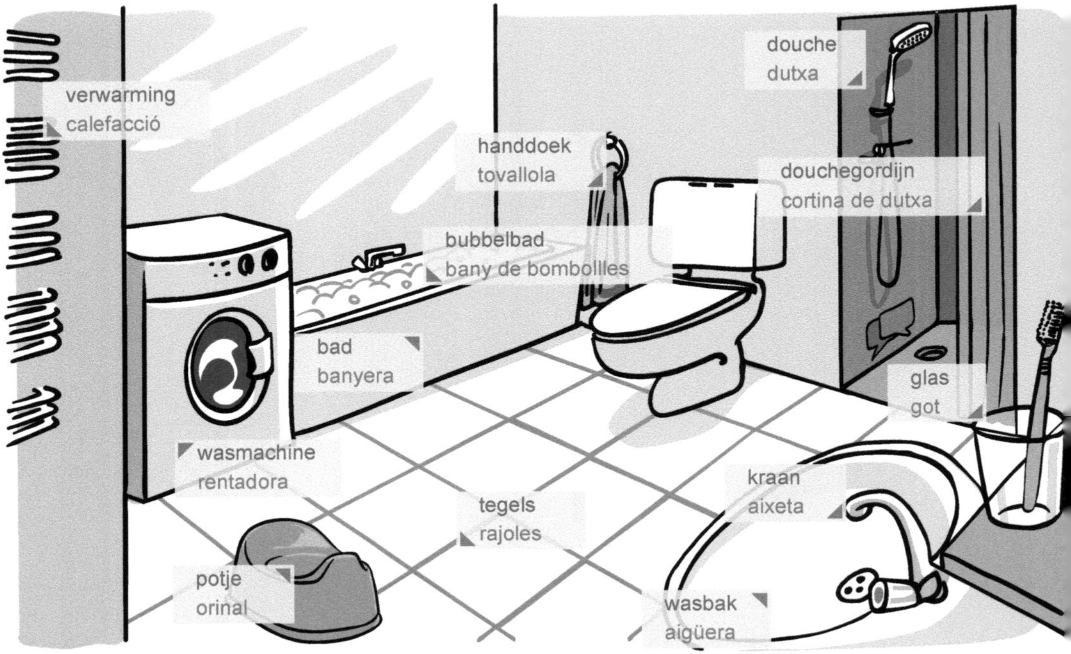

verwarming
calefacció
douche
dutxa
handdoek
tovallola
douchegordijn
cortina de dutxa
bubbelbad
bany de bombolles
bad
banyera
glas
got
wasmachine
rentadora
kraan
aixeta
tegels
rajoles
potje
orinal
wasbak
aigüera

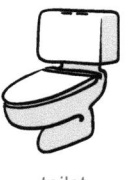

toilet

lavabo

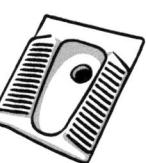

hurktoilet

lavabo turc

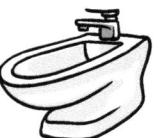

bidet

bidet

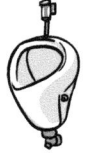

urinoir

orinador

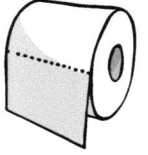

toiletpapier

paper higiènic

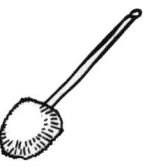

toiletborstel

escombreta de sanitari

tandenborstel
raspall de dents

tandpasta
pasta de dents

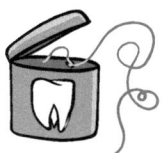

flosdraad
fil dental

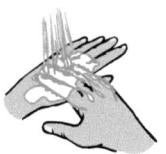

wassen
rentar

handdouche
pom de dutxa

toiletdouche
dutxa íntima

waskom
rentamans

rugborstel
raspall per a l'esquena

zeep
sabó

douchegel
gel de dutxa

shampoo
xampú

washanje
manyopla de bany

afvoer
bonera

creme
crema

deodorant
desodorant

spiegel

mirall

make-upspiegel

mirall-espill de mà

scheermes

maquineta de rasar

scheerschuim

espuma de barbejar

aftershave

loció post-rasada

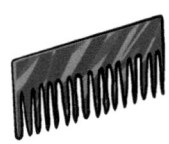

kam

pinta

borstel

raspall

haardroger

eixugador

haarspray

laca

make-up

maquillatge

lippenstift

pintallavis

nagellak

esmalt d'ungles

watten

cotó

nagelschaartje

tallaungles

parfum

perfum

toilettas

estoig de bellesa

kruk

tamboret

weegschaal

bàscula

badjas

barnús

rubber handschoenen

guants de goma

tampon

compresa higiènica

maandverband

compresa

chemisch toilet

sanitari químic

kinderkamer

cambra de nen

wekker
despertador
knuffeldier
animal de peluix
speelgoedauto
auto de joguina
rammelaar
sonall
poppenhuis
casa de nines
cadeau
present

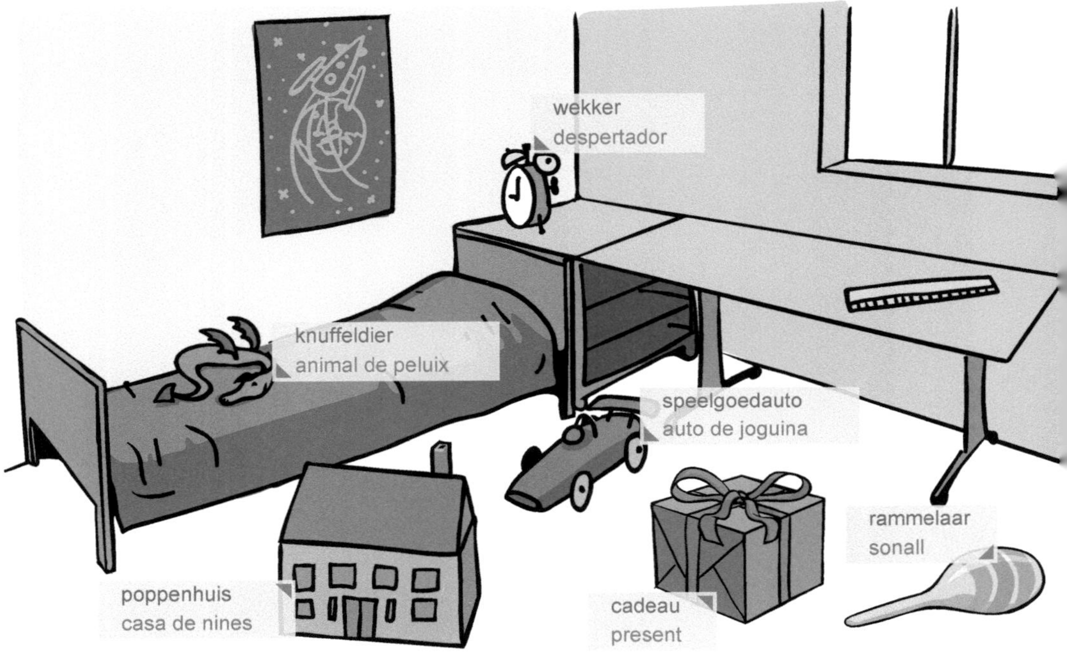

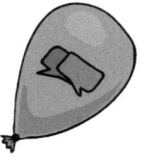

ballon

baló

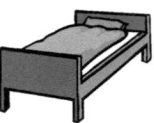

bed

llit

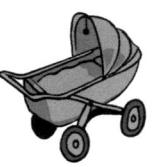

kinderwagen

cotxet per a nens

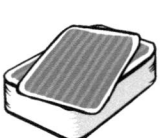

kaartspel

joc de cartes

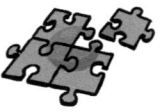

puzzel

trencaclosca

SUPER
MEGA

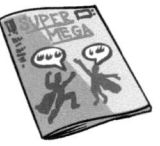

stripverhaal

historieta

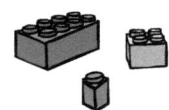

legostenen

peces de lego

speelgoedblokken

peces de construcció

actiefiguurtje

ninot d'acció

romper

granota

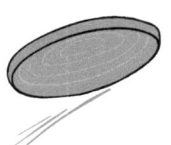

frisbee

frisbee

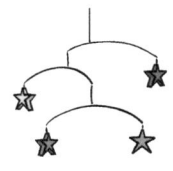

mobile

mòbil per a bressol

bordspel

joc de taula

dobbelsteen

daus

modeltrein

tren elèctric

speen

xumet

feestje

festa

prentenboek

llibre de dibuixos

bal

pilota

pop

nina

spelen

jugar

zandbak

sorrera

schommel

gronxador

speelgoed

joguines

spelcomputer

consola de jocs de vídeo

driewieler

tricicle

teddybeer

osset de peluix

kleerkast

armari

kleding

roba

sokken

mitjons

kousen

mitges

panty

mitja pantaló

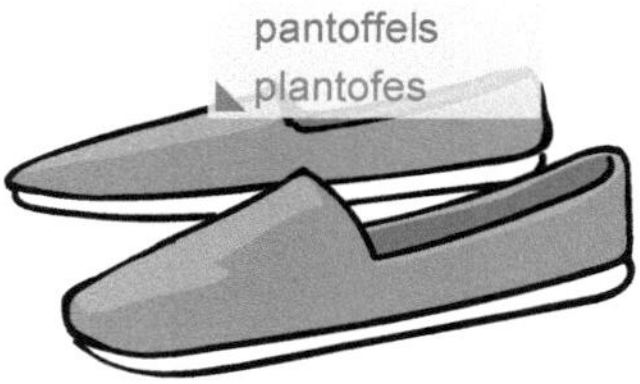

sjaal
tapacoll

riem
cintura

paraplu
paraigua

T-shirt
camiseta

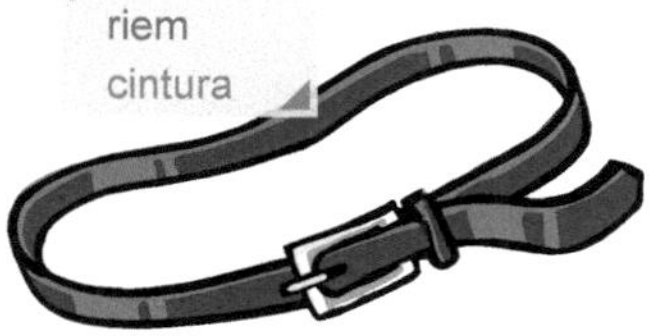

laarzen
botes

sportschoenen
sabates d'esport

pantoffels
plantofes

sandalen
sandàlies

schoenen
sabates

rubberlaarzen
botes de goma

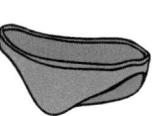

onderbroek
calçonets

beha
sostenidor

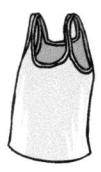

onderhemd
guardapits

kleding - roba

45

body
jjustacòs

broek
pantalons

spijkerbroek
jeans

rok
faldeta

blouse
brusa

overhemd
camisa

trui
jersei

hoody
dessuadora

blazer
blazer

jas
jaqueta

mantel
mantell

regenjas
impermeable

kostuum
vestit de dona

jurk
vestit de dona

trouwjurk
vestit de núvia

pak

vestit d'home

nachthemd

camisa de dormir

pyjama

pijama

sari

sari

hoofddoek

mocador de cap

tulband

turbant

boerka

burca

kaftan

caftan

abaja

abaia

zwempak

vestit de bany

zwembroek

calçon(et)s de bany

korte broek

pantalons curts

trainingspak

xandall

schort

davantal

handschoenen

guants

knoop

botó

bril

ulleres

armband

braçalet

ketting

collaret

ring

anell

oorbel

orellera

pet

casquet

kledinghanger

penjador

hoed

capell

stropdas

corbata

rits

cremallera

helm

casc

bretels

elàstics

schooluniform

uniforme escolar

uniform

uniforme

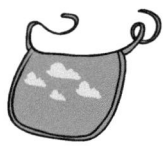

slabbetje

pitet

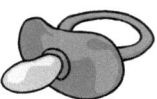

speen

xumet

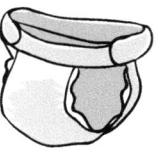

luier

bolquer

kantoor
oficina

server
servidor
archiefkast
armari arxivador
printer
impressora
papier
paper
beeldscherm
monitor
muis
ratolí
bureau
escriptori
map
arxivador
toetsenbord
teclat
prullenmand
paperera
computer
ordinador
stoel
cadira

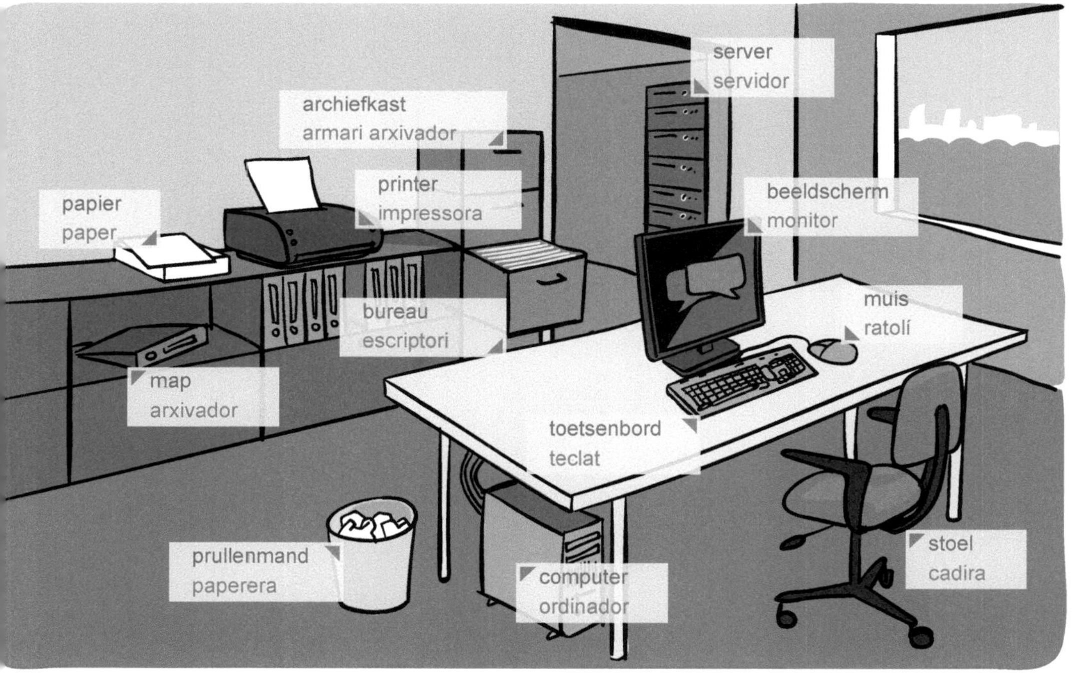

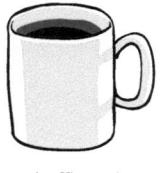

koffiemok

tassa de cafè

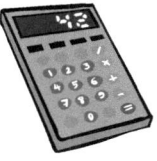

rekenmachine

calculadora

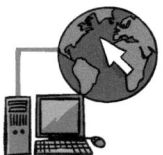

internet

Internet

laptop

ordinador portàtil

brief

lletra

bericht

missatge

mobiele telefoon

mòbil

netwerk

xarxa

kopieermachine

fotocopiadora

software

programari

telefoon

telèfon

stopcontact

presa de corrent

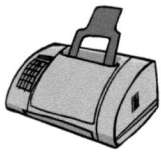

fax

fax

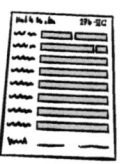

formulier

formulari

document

document

kopen

comprar

betalen

pagar

handel drijven

comerciar

geld

diners

dollar

dòlar

euro

euro

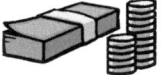

yen

ien

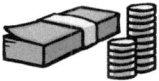

roebel

ruble

Zwitserse frank

franc suís

renminbi yuan

renminbi

roepie

rupia

geldautomaat

caixa automàtica

wisselkantoor

oficina de canvi

goud

or

zilver

argent

olie

petroli

energie

energia

prijs

preu

contract

contracte

belasting

impost

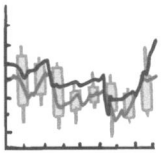

aandeel

acció

werken

treballar

werknemer

treballador

werkgever

empresari

fabriek

fàbrica

winkel

botiga

beroepen
oficis

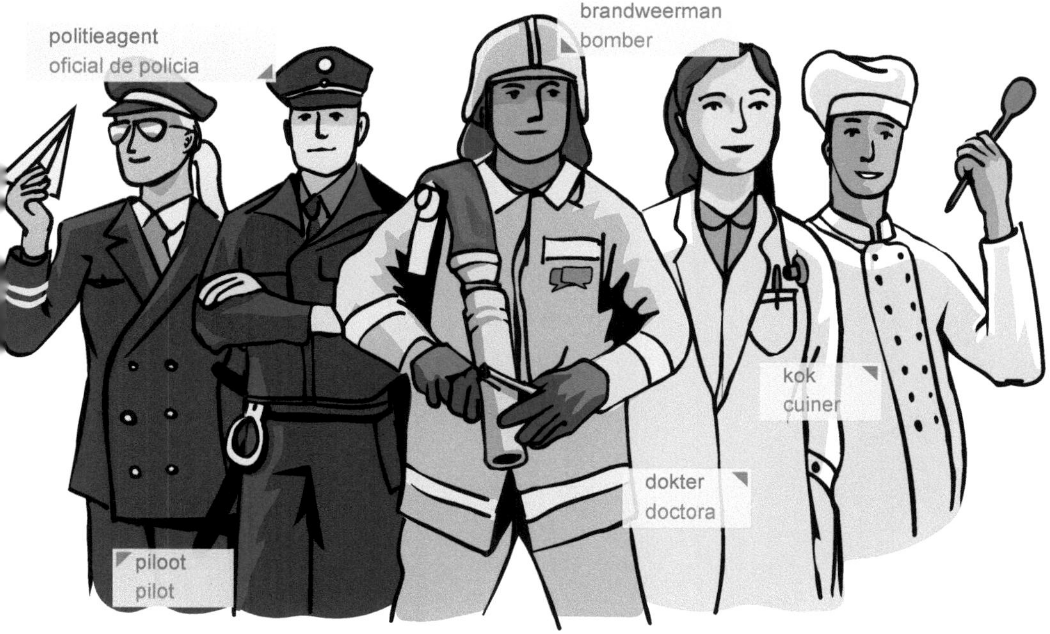
politieagent
oficial de policia
brandweerman
bomber
kok
cuiner
dokter
doctora
piloot
pilot

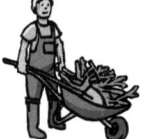

tuinman
jardiner

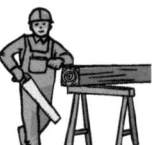

timmerman
fuster

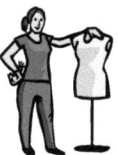

naaister
costurera

rechter
jutge

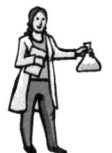

scheikundige
química

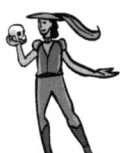

toneelspeler
actor

buschauffeur

conductor d'autobús

taxichauffeur

taxista

visser

pescador

schoonmaakster

dona de la neteja

dakdekker

ensostrador

ober

cambrer

jager

caçador

schilder

pintor

bakker

forner

elektricien

electricista

bouwvakker

obrer de la construcció

ingenieur

enginyer

slager

carnisser

loodgieter

llanterner

postbode

correu

soldaat

soldat

architect

arquitecte

kassier

caixera

bloemist

florista

kapper

perruquer

conducteur

revisor

monteur

mecànic

kapitein

capità

tandarts

dentista

wetenschapper

científic

rabbi

rabí

imam

imam

monnik

monjo

pastoor

capellà

gereedschap
eines

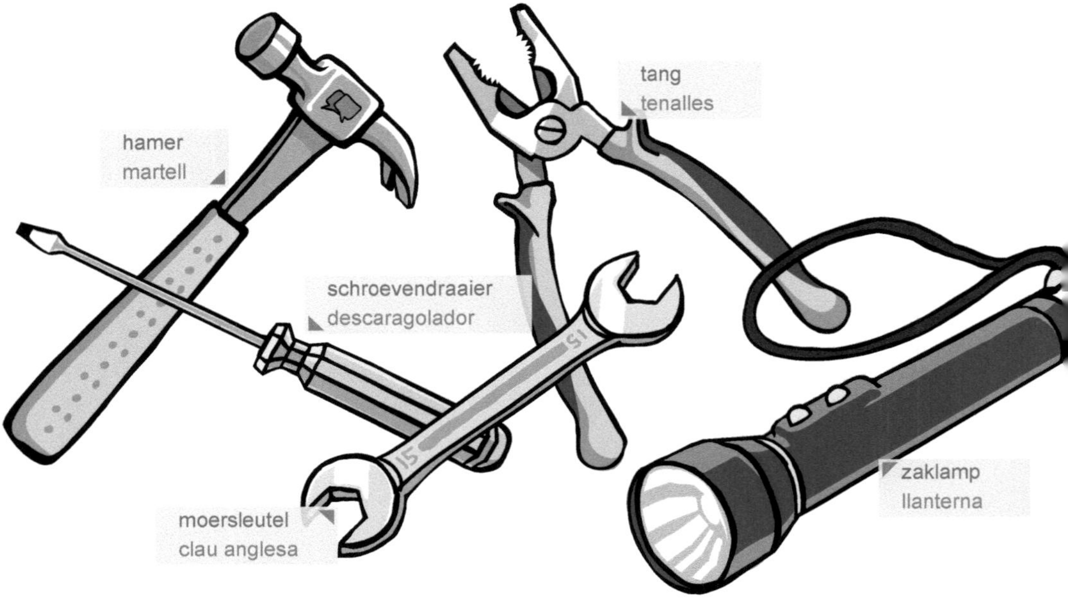
hamer
martell
tang
tenalles
schroevendraaier
descaragolador
moersleutel
clau anglesa
zaklamp
llanterna

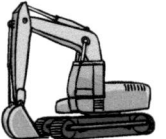

graafmachine

excavadora

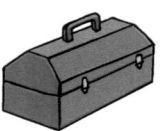

gereedschapskist

caixa d'eines

ladder

escala

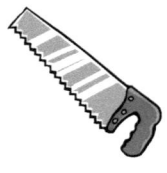

zaag

serra

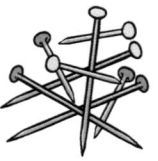

spijkers

claus

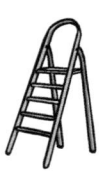

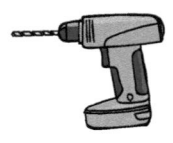

boor

trepant

repareren

reparar

schep

pala

Verdorie!

Maleït siga!

stofblik

pala

verfpot

pot de pintura

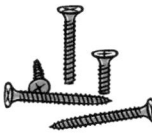

schroeven

caragols

muziekinstrumenten
instrument de música

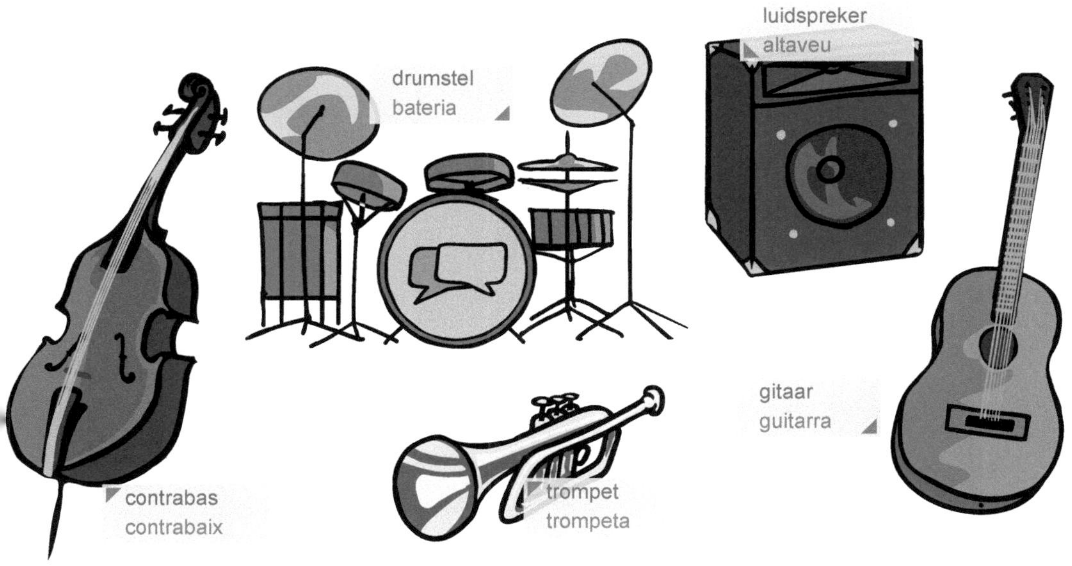

luidspreker
altaveu

drumstel
bateria

gitaar
guitarra

contrabas
contrabaix

trompet
trompeta

piano

piano

viool

violí

bas

baix

pauk

timbal

trommel

tambor

keyboard

teclat

saxofoon

saxofon

fluit

flauta

microfoon

micròfon

tijger
tigre

kooi
gàbia

zebra
zebra

ingang
entrada

dierenvoer
aliment per a animals

panda
ós panda

dieren
....
animals

olifant
....
elefant

kangoeroe
....
cangurú

neushoorn
....
rinoceront

gorilla
....
goril·la

beer
....
ós

kameel

camell

struisvogel

estruç

leeuw

lleó

aap

simi

flamingo

flamenc

papegaai

papagai

ijsbeer

ós polar

pinguïn

pingüí

haai

ca mari

pauw

paó

slang

serp

krokodil

cocodril

dierenverzorger

guardià del zoo

zeehond

foca

jaguar

jaguar

pony
poni

luipaard
lleopard

nijlpaard
hipopòtam

giraffe
girafa

adelaar
àliga

wild zwijn
senglar

vis
peix

schildpad
tortuga

walrus
morsa

vos
guineu

gazelle
gasela

American football
futbol americà

wielrennen
ciclisme

tennis
tenis

basketbal
bàsquet

zwemmen
natació

boksen
boxa

ijshockey
hoquei sobre gel

voetbal
futbol americà

badminton
bàdminton

atletiek
atletisme

handbal
handbol

skiën
esquí

polo
polo

springen
saltar

knuffelen
abraçar

lachen
riure

lopen
anar

zingen
cantar

dromen
somiar

bidden
pregar

kussen
fer un petó

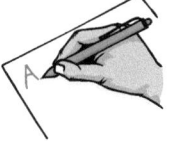

schrijven

escriure

tekenen

dibuixar

tonen

mostrar

duwen

pitjar

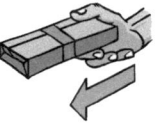

geven

donar

oppakken

prendre

hebben
tenir

doen
fer

zijn
ésser

staan
estar dret

rennen
córrer

trekken
estirar

gooien
llançar

vallen
caure

liggen
jeure

wachten
esperar

dragen
portar

zitten
asseure's

aankleden
vestir-se

slapen
dormir

wakker worden
despertar-se

bekijken

mirar

huilen

plorar

strelen

amoixar

kammen

pentinar

praten

parlar

begrijpen

comprendre

vragen

demanar

horen

escoltar

drinken

beure

eten

menjar

opruimen

endreçar

houden van

estimar

koken

cuinar

rijden

conduir

vliegen

volar

zeilen

navegar

rekenen

calcular

lezen

llegir

leren

aprendre

werken

treballar

trouwen

casar-se

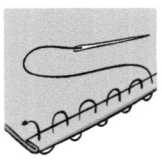

naaien

cosir

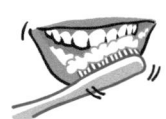

tandenpoetsen

raspallar-se les dents

doden

matar

roken

fumar

verzenden

enviar

grootmoeder
àvia

grootvader
avi

vader
pare

moeder
mare

baby
nadó

dochter
filla

zoon
fill

gast

convidat

tante

tia

oom

oncle

broer

germà

zus

germana

lichaam

cos

voorhoofd
front
oog
ull
schouder
espatlla
vinger
dit
gezicht
cara
kin
barbeta
hand
mà
been
cama
borst
pit
arm
braç

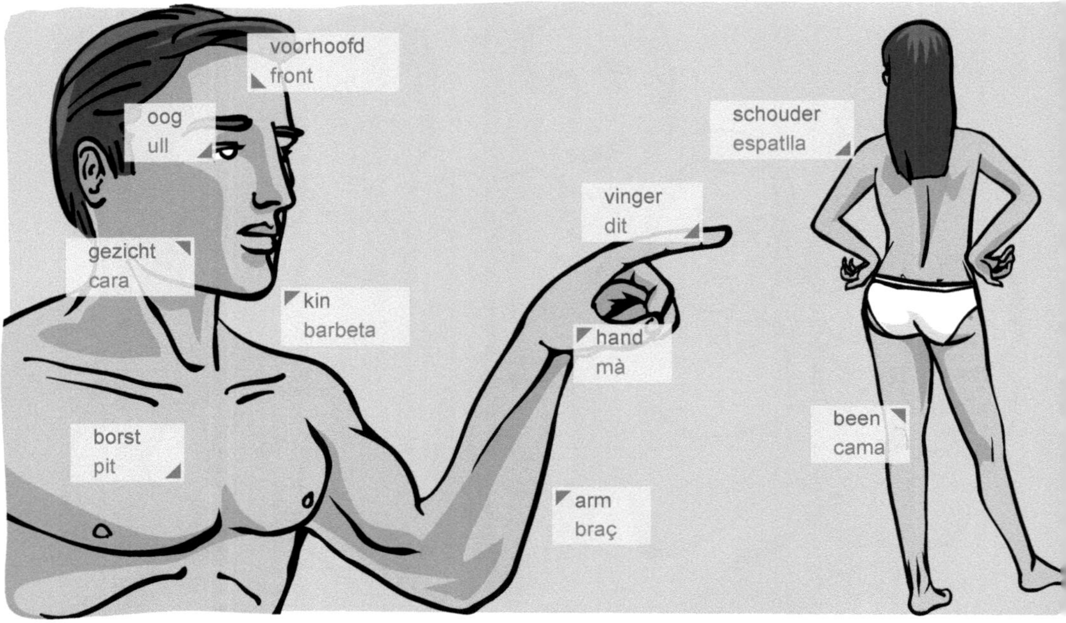

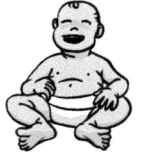

baby
nadó

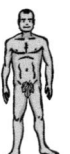

man
home

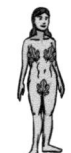

vrouw
dona

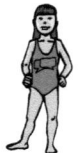

meisje
noia

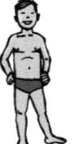

jongen
noi

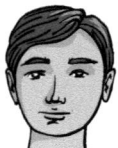

hoofd
cap

rug
esquena

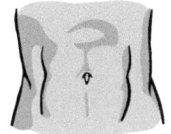

buik
panxa

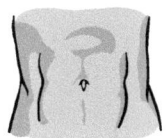

navel
melic

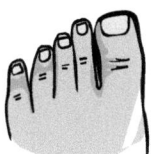

teen
dit gros del peu

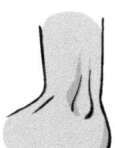

hiel
taló

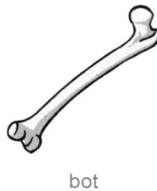

bot
os

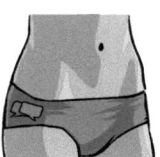

heup
maluc

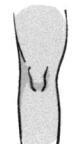

knie
genoll

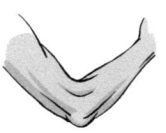

elleboog
colze

neus
nas

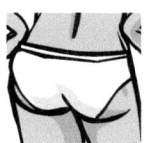

achterwerk
cul

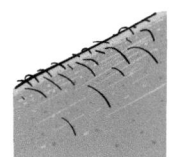

huid
pell

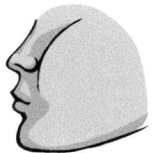

wang
galta

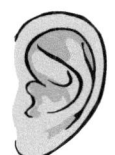

oor
orella

lippen
llavi

mond
boca

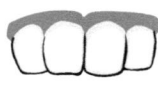

tand
dent

tong
llengua

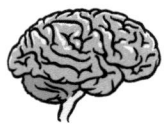

hersenen
cervell

hart
cor

spier
múscul

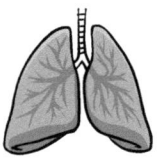

long
pulmó

lever
fetge

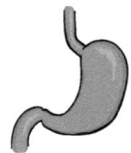

maag
estómac

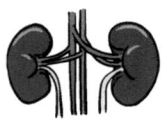

nieren
ronyó

geslachtsgemeenschap
relació sexual

condoom
preservatiu

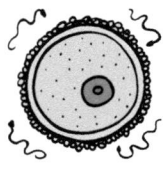

eicel
ovari

sperma
semen

zwangerschap
prenyat

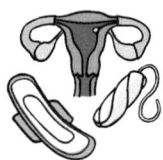

menstruatie
menstruació

vagina
vagina

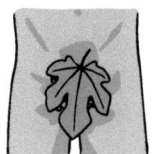

penis
penis

wenkbrauw
cella

haar
cabells

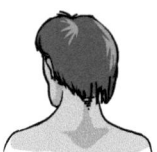

hals
coll

ziekenhuis
hospital

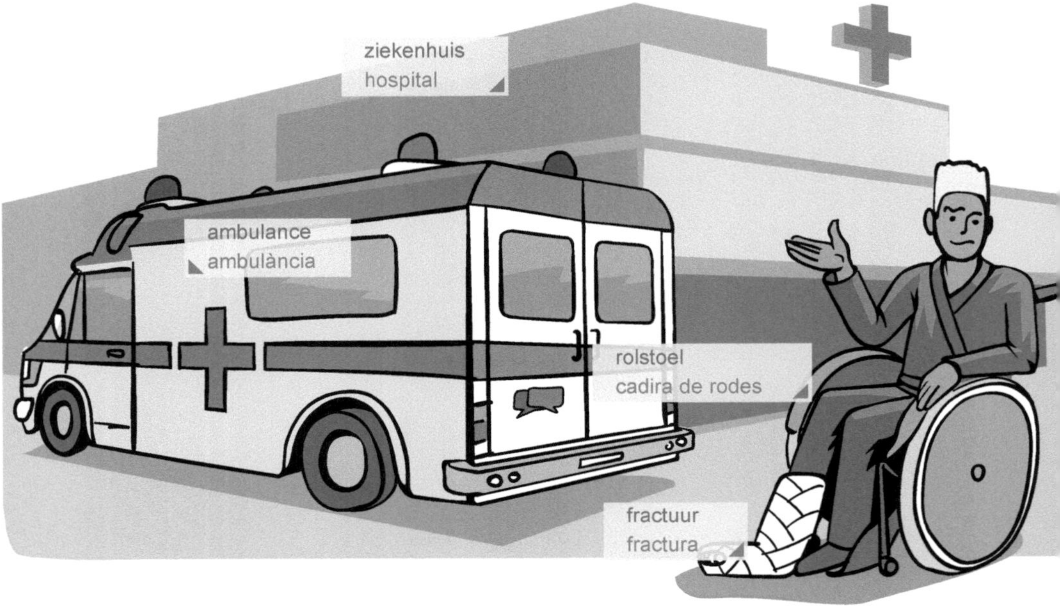

ziekenhuis
hospital
ambulance
ambulància
rolstoel
cadira de rodes
fractuur
fractura

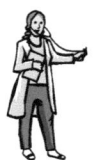

dokter

doctora

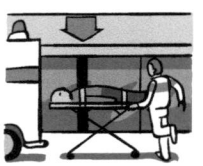

EHBO

sala d'urgències

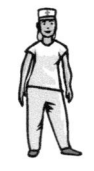

verpleegster

infermera

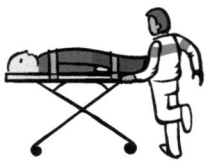

noodgeval

urgència

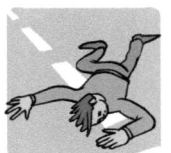

bewusteloos

inconscient

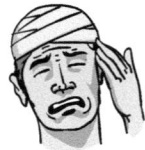

pijn

dolor

verwonding

ferida

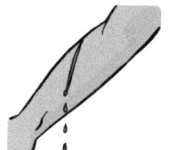

bloeding

sagnament

hartaanval

atac de cor

beroerte

apoplexia

allergie

al·lèrgia

hoest

tos

koorts

febre

griep

gripa

diarree

diarrea

hoofdpijn

mal de cap

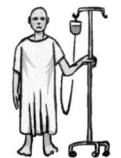

kanker

càncer

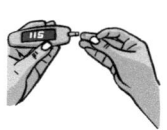

diabetes

diabetis

chirurg

cirurgià

scalpel

escalpel

operatie

operació

CT

tomografia computada (TC), TAC

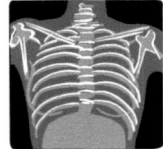

röntgen

raigs x

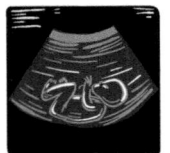

echografie

ultrasò

gezichtsmasker

mascareta

ziekte

malaltia

wachtkamer

sala d'espera

kruk

crossa

pleister

tireta

verband

embenat

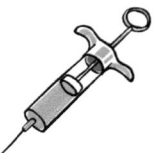

injectie

injecció

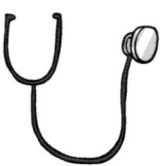

stethoscoop

estetoscopi

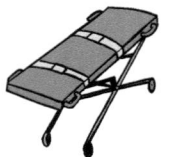

brancard

llitera

thermometer

termòmetre clínic

geboorte

pariment

overgewicht

sobrepès

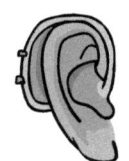

gehoorapparaat

aparell auditiu

ontsmettingsmiddel

desinfectant

infectie

infecció

virus

virus

HIV / AIDS

VIH / SIDA

medicijn

medicina

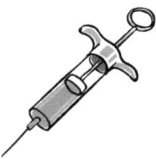

inenting

vaccí

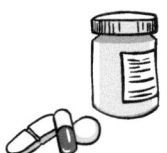

tabletten

comprimits

pil

píl·lola

alarmnummer

trucada d'urgència

bloeddrukmeter

tensiòmetre

ziek / gezond

malalt / sà

Help!
Socors!

alarm
alarma

overval
assalt

aanval
atac

gevaar
perill

nooduitgang
sortida-eixida d'urgència

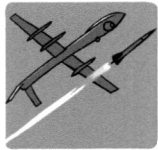

Brand!
Foc!

brandblusser
extintor

ongeluk
accident

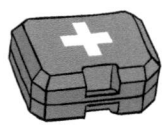

EHBO-koffer
farmaciola de primers auxilis

SOS
SOS

politie
policia

Europa

Europa

Noord-Amerika

Amèrica del Nord

Zuid-Amerika

Amèrica del Sud

Afrika

Àfrica

Azië

Àsia

Australië

Austràlia

Atlantische Oceaan

Atlàntic

Stille Oceaan

Pacífic

Indische Oceaan

Oceà Índic

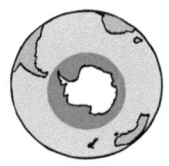

Zuidelijke Oceaan

Oceà Antàrtic

Noordelijke IJszee

Oceà Àrtic

Noordpool

pol nord

Zuidpool
pol sud

Antarctica
Antàrtida

aarde
terra

land
país

zee
mar

eiland
illa

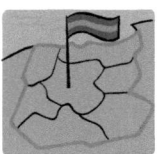

natie
nació

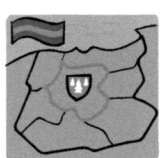

staat
estat

wijzerplaat

quadrant

uurwijzer

agulla de les hores

minutenwijzer

agulla dels minuts

secondewijzer

agulla dels segons

Hoe laat is het?

Quina hora és?

dag

dia

tijd

temps

nu

ara

digitaal horloge

rellotge digital

minuut

minut

uur

hora

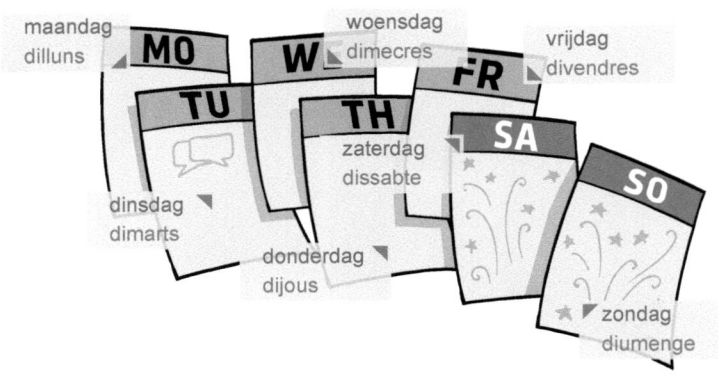

maandag / dilluns — MO
dinsdag / dimarts — TU
woensdag / dimecres — W
donderdag / dijous — TH
vrijdag / divendres — FR
zaterdag / dissabte — SA
zondag / diumenge — SO

gisteren
ahir

vandaag
avui

morgen
demà

ochtend
matí

middag
migdia

avond
tarda

MO	TU	WE	TH	FR	SA	SU
1	2	3	4	5	6	7
8	9	10	11	12	13	14
15	16	17	18	19	20	21
22	23	24	25	26	27	28
29	30	31	1	2	3	4

werkdagen
dia feiner

MO	TU	WE	TH	FR	SA	SU
1	2	3	4	5	6	7
8	9	10	11	12	13	14
15	16	17	18	19	20	21
22	23	24	25	26	27	28
29	30	31	1	2	3	4

weekend
cap de setmana

regen
pluja

regenboog
arc de Sant Martí

wind
vent

sneeuw
neu

voorjaar
primavera

zomer
estiu

herfst
tardor

winter
hivern

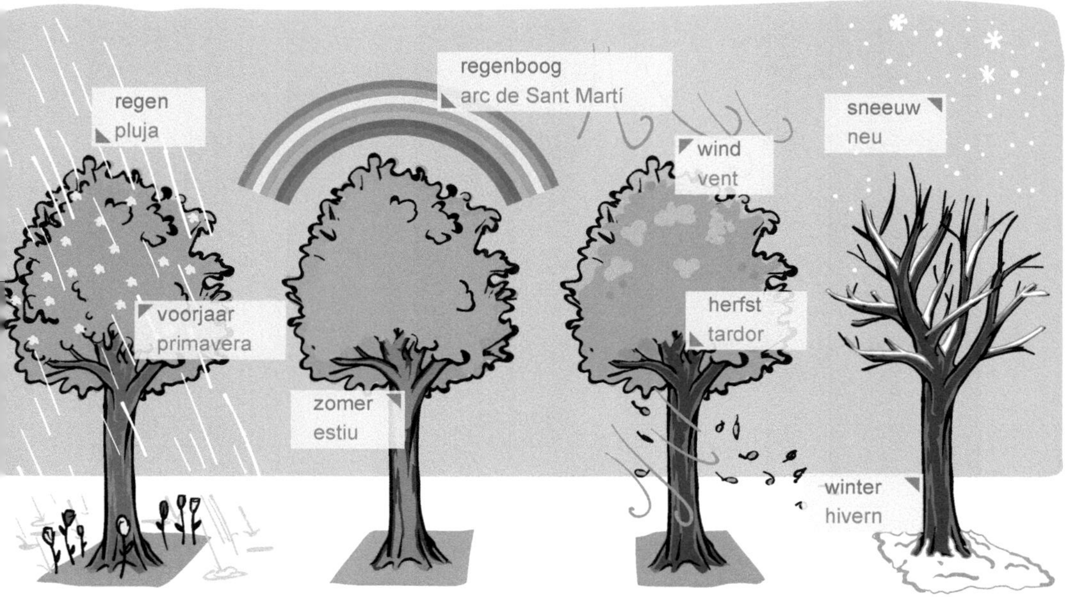

weerbericht

pronòstic del temps

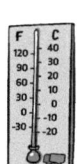

thermometer

termòmetre

zonneschijn

llum del sol

wolk

núvol

mist

boira

luchtvochtigheid

humiditat de l'aire

bliksem

llamp

donder

tro

storm

tempesta

hagel

calamarsa

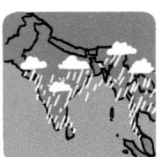

moesson

monsó

overstroming

inundació

ijs

gel

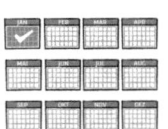

januari

gener

februari

febrer

maart

març

april

abril

mei

maig

juni

juny

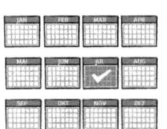

juli

juliol

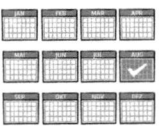

augustus

agost

jaar - any

september
....
setembre

oktober
....
octubre

november
....
novembre

december
....
desembre

vormen
formes

cirkel
....
cercle

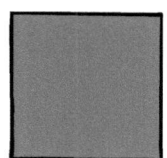

vierkant
....
quadrat

rechthoek
....
rectangle

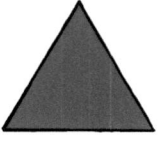

driehoek
....
triangle

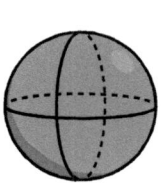

bol
....
esfera

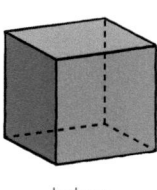

kubus
....
cub

wit
....
blanc

geel
....
groc

oranje
....
taronja

roze
....
rosa

rood
....
vermell

paars
....
lila

blauw
....
blau

groen
....
verd

bruin
....
marró

grijs
....
gris

zwart
....
negre

veel / weinig

molt / poc

boos / rustig

emprenyat / tranquil

mooi / lelijk

bonic / lleig

begin / einde

començament / fi

groot / klein

gran / petit

licht / donker

clar / fosc

broer / zus

germà / germana

schoon / vies

net / brut

volledig / onvolledig

complet / incomplet

dag/ nacht

dia / nit

dood / levend

mort / viu

breed / smal

ample / estret

eetbaar / oneetbaar

comestible / immenjable

gemeen / aardig

dolent / amable

opgewonden / verveeld

entusiasmat / entediat

dik / dun

gros / prim

eerste / laatste

primer / darrer

vriend / vijand

amic / enemic

vol / leeg

ple / buit

hard / zacht

dur / tou

zwaar / licht

pesant / lleuger

honger / dorst

gana / set

ziek / gezond

malalt / sà

illegaal / legaal

il·legal / legal

intelligent / dom

intel·ligent / ximple

links / rechts

esquerra / dreta

dichtbij / ver

prop / llunyà

nieuw / gebruikt

nou / usat

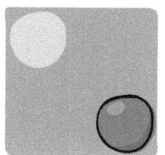

niets / iets

res / quelcom

oud / jong

vell / jove

aan / uit

encès / apagat

open / gesloten

obert / tancat

zacht / luid

silenciós / sorollós

rijk / arm

ric / pobre

goed / fout

correcte / incorrecte

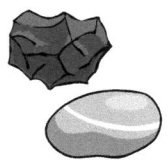

ruw / glad

aspre / suau

verdrietig / gelukkig

trist / content

kort / lang

curt / llarg

langzaam / snel

lent / ràpid

nat / droog

humit / sec - eixut

warm / koel

calent / fred

oorlog / vrede

guerra / pau

0

nul

zero

1

één

u

2

twee

dos

3

drie

tres

4

vier

quatre

5

vijf

cinc

6

zes

sis

7

zeven

set

8

acht

vuit

9

negen

nou

10

tien

deu

11

elf

onze

12

twaalf

dotze

13

dertien

tretze

14

veertien

catorze

15

vijftien

quinze

16

zestien

setze

17

zeventien

disset

18

achttien

divuit

19

negentien

dinou

20

twintig

vint

100

honderd

cent

1.000

duizend

mil

1.000.000

miljoen

milió

Engels

anglès

Amerikaans Engels

anglès americà

Chinees Mandarijn

xinès mandarí

Hindi

hindi

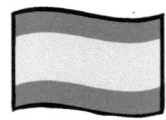

Spaans

espanyol

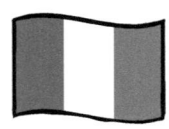

Frans

francès

Arabisch

àrab

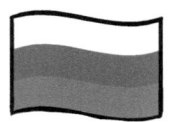

Russisch

rus

Portugees

portuguès

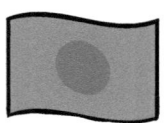

Bengalees

bengalí

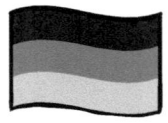

Duits

alemany

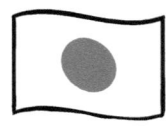

Japans

japonès

ik
jo

jij
tu

hij / zij / het
ell / ella / allò

wij
nosaltres

jullie
vosaltres

zij
ells

wie?
qui?

wat?
què?

hoe?
com?

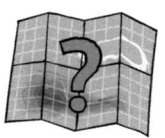

waar?
on?

wanneer?
quan?

naam
nom

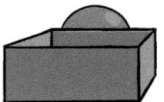

achter

darrere

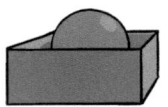

in

en

voor

davant de

boven

damunt

op

sobre

onder

sota

naast

al costat

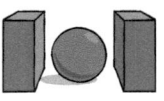

tussen

entre

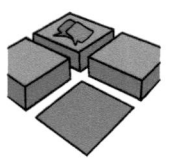

plaats

lloc